W0061040

Marion Wick

Wildpflanzen
in der
Naturküche

Rezepte, Wissenswertes und Sammeltipps

Fotografien von Günter Pump

Husum

Kochen mit Wildpflanzen

Wildpflanzen sind nicht wie Kulturpflanzen züchterisch ausgelesen und im Hinblick auf spätere Verwendung optimiert. Sie können damit also durchaus noch Überraschungen erleben! Das kann eine wunderbar süße, saftige Riesenbrombeere sein, aber ebenso auch eine Weberkarde, die auch nach einer Stunde Kochen hart und bitter bleibt. Niemand spritzt die wilden Beeren, also ist manchmal auch der Wurm drin. So ist eben die ganze Vielfalt der Natur.

Ihre Küche sollte neben der Grundausstattung folgende Bestandteile aufweisen, damit Sie alle Rezepte nachkochen können:

Eine „flotte Lotte", das ist ein Passiersieb mit Kurbel.

Einen leistungsfähigen Pürierstab oder einen Fleischwolf mit feiner Scheibe.

Ein altes Leinen-Geschirrtuch, das schmutzig werden darf, zum Passieren von Fruchtsaft.

Für die Verarbeitung von Sanddorn brauchen Sie einen Dampfentsafter.

Wenn Sie ein Rezept nachkochen möchten, lesen Sie es vor Beginn einmal ganz durch und bereiten sie ggf. alles vor, was sie dazu brauchen – manche Rezepte dauern auch mehrere Tage oder Stunden.

Beachten Sie, dass das Ergebnis einer Sammelcharge durchaus etwas anders schmecken kann als das der nächsten.

Viel Vergnügen mit dem Abenteuer Wildpflanzenküche!

Bärlauch (Allium ursinum)

Inzwischen ist Bärlauch kein Geheimtipp mehr, sondern schon fast eine Modepflanze. Jeder gut sortierte Gemüsehändler hat ihn im Sortiment. Trotzdem ist es ein Erlebnis, ihn im Vorfrühling im lichten Laubwald selbst zu sammeln.

Man findet ihn, indem man dem kräftigen Knoblaucharoma folgt, das seine Blätter ausströmen. Alle seine Teile wirken blutreinigend, cholesterinsenkend und leicht antiseptisch.

SAMMELZEIT: Vorfrühling (Blätter, Bild unten), Erstfrühling (Blüten), Vollfrühling (unreife Samen)

Bärlauch in der Küche

Die frischen Blätter und Blüten passen zu fast jedem Gericht und können, wie Petersilie, einfach darübergestreut werden. Auch überall, wo ein sanftes Knoblaucharoma erwünscht ist, können Bärlauchblätter anstelle von Knoblauch zum Einsatz kommen. Man bekommt leider auch von Bärlauch eine „Knoblauchfahne", die aber nur kurze Zeit anhält.

BÄRLAUCHPESTO

2 große Hände voll frischer Bärlauchblätter, 3 EL Kürbiskerne, 2 EL Pecorino, Kürbiskernöl nach Bedarf, evtl. Salz.

Die Kürbiskerne in einer trockenen Eisenpfanne rösten, bis sie aromatisch zu duften beginnen. Den Pecorino möglichst fein reiben. Die Bärlauchblätter quer in Streifen schneiden. Nun die Blätter und die Kürbiskerne mit etwas Kürbiskernöl in den Mixer geben und alles fein pürieren. Bei Bedarf mehr Öl dazugeben, es sollte eine cremige Masse entstehen.
Den geriebenen Pecorino unterrühren und den Pesto evtl. mit etwas Salz abschmecken.
Dazu schmecken ganz klassisch Spaghetti oder Gnocchi.

Das Rezept mit Kürbiskernen ist nur eine mögliche Variante, probieren Sie verschiedene Arten von Kernen und Nüssen aus, benutzen Sie außergewöhnliche Öle (im Bioladen gibt es eine große Auswahl, die meisten auch in 100-ml-Probiergrößen) und verschiedene Hartkäsesorten.

Auch andere Kräuter kann man mitverarbeiten, z. B. Brunnenkresse oder Löwenzahn. Milder wird der Pesto, wenn man einen Teil des Bärlauchs durch Spinat oder Rapunzelsalat ersetzt.

FALSCHE KAPERN

$^1/_4$ l unreife Bärlauchsamen, 1 geh.TL Salz, 5 EL guter Weißweinessig.

Die Bärlauchsamen ggf. von ihren Stängelchen befreien, in ein kleines Schraubdeckelglas geben, das Salz und den Essig untermischen, eine kleine Menge Wasser dazugeben, sodass alle Samen bedeckt sind. Das Glas für mindestens eine Woche in den Kühlschrank stellen. Danach können Sie die kleinen falschen Kapern wie echte benutzen.

Roh eignen sich die unreifen Früchte auch dazu, in Soßen einen Teil grünen Pfeffers zu ersetzen und sie so etwas milder zu machen.

ACHTUNG: In warmen Gegenden kann es sein, dass zusammen mit dem Bärlauch auch schon Maiglöckchen austreiben, deren Blätter giftig sind. Sie brauchen zum Wachsen viel höhere Temperaturen als Bärlauch und sind in kühleren Gegenden deutlich später. Maiglöckchenblätter sehen Bärlauchblättern von der Form her ein wenig ähnlich, haben jedoch eine dunkle, papierartige Blattscheide, einen wachsartigen Belag, riechen nicht nach Knoblauch und schmecken scheußlich. Besonders bei gemischten Beständen sollte man unbedingt darauf achten, dass nicht versehentlich Maiglöckchenblätter mitgepflückt werden.

Birke (Betula alba)

Jeder kennt den „Frühlingsbaum an sich", dessen weiß leuchtende Rinde (die dem Baum übrigens als Schutz vor Frostrissen dient) und charakteristischer Geruch verbunden sind mit Maifesten und Pfingstbräuchen und allem, was sich mythologisch um den Vollzug der „heiligen Hochzeit", zwischen Mutter Erde und Vater Sonne, rankt.

Die Birke war zu allen Zeiten, wie die Rose, ein Symbol der Liebe und Freude. In der Kräutermedizin wird sie wegen ihrer blutreinigenden und harntreibenden Eigenschaften geschätzt. Birkenelixier für die Frühjahrskur gibt es im Reformhaus teuer zu kaufen.

SAMMELZEIT: Vorfrühling (Saft) und im Vollfrühling (Blätter)

Um Birkensaft zu zapfen, sollten Sie schon eine eigene Birke besitzen, sonst auf jeden Fall den Besitzer um Erlaubnis fragen.

Schneiden Sie dazu einen dicken Zweig (1,5 bis 2,5 cm im Durchmesser) in ca. 5 cm Entfernung vom Stamm oder einem Ast im unteren Bereich des Baumes ab. An dem verbleibenden Haken befestigen Sie nun ein kleines Glas oder einen kleinen Emailleeimer, sodass der abtropfende Saft aufgefangen wird. Zum Schutz vor Verunreinigung kann man eine Plastiktüte über die ganze Konstruktion ziehen.

Nun sollten Sie das Gefäß einmal täglich entleeren, bis der Saft nicht mehr läuft, da er schnell gärig wird.

Birkensaft in der Küche

Der leicht süßliche Saft kann an geeigneter Stelle einfach Wasser ersetzen (zum Beispiel, um Tee zu kochen). Die gesundheitlichen Vorteile erhalten

Sie jedoch am besten, wenn der Saft roh genossen wird. Mischen Sie ihn einfach mit einem Fruchtsirup Ihrer Wahl oder mixen Sie ihn zu:

BIRKEN-BLUTORANGEN-LASSI
Für 2 Personen

1 kleine Banane, Saft einer Blutorange, $1/4$ l Naturjoghurt, $1/8$ l Birkensaft, evtl. Honig.

Die Banane grob zerkleinern, die Orange entsaften, beides mit Joghurt und Birkensaft in einen Mixbecher geben und pürieren. Bei Bedarf mit etwas Honig nachsüßen.

Birkenblätter in der Küche
Die Blätter der Birke sind stark aromatisch und ihr Aroma behagt nicht jedem. Probieren Sie sie am besten zuerst als Gewürz in Suppen oder Kräuterquark.

BLÄTTERTEIGTASCHEN MIT FETA-BIRKENBLÄTTER-FÜLLUNG
Für 2 Personen

1 Rolle TK-Blätterteig, 100 g Feta, 2 Hände voll Birkenblätter, 1 EL Butter, 1 Knoblauchzehe, Pfeffer.

Die jungen Birkenblätter gut putzen und dabei alle harten Teile entfernen, anschließend sehr klein schneiden.

Den Knoblauch fein schneiden. Die Butter in einem Topf erwärmen, bis sie aufschäumt. Schnell den Knoblauch und die Birkenblätter dazugeben. Alles ca. 1 Minute unter ständigem Rühren andünsten. Die Butter darf dabei nicht bräunen.

Die Blätterteigscheibe in 4 Teile schneiden und jedes Teil mit $^1/_4$ des Fetas und der Birkenmasse belegen, nach Bedarf frisch gemahlenen Pfeffer darüberstreuen.

Den Rand der Teile mit etwas Wasser befeuchten und die Teile zu Taschen überklappen, den Rand mit einer Gabel zusammendrücken. Die Teigtaschen nach Packungsanleitung backen.

Dazu schmeckt Tomatensoße oder einfach Ketchup.

Brombeere (Rubus sp.)

Die Brombeere ist wohl bei passionierten Sammlern die beliebteste Frucht. Kein Wunder, die Beeren sind groß und süß und lassen sich verhältnismäßig schnell sammeln. Gegen die Stacheln hilft es übrigens, sich beim Sammeln eine alte Regenjacke überzuziehen.

Da es unglaublich viele verschiedene Sorten von Brombeeren gibt, die auch

bunt gemischt vorkommen, lohnt sich bei jedem Strauch die vorherige Geschmacksprobe.

Es gibt wunderbar süße und saftige Sorten sowie auch feste, säuerliche und trockene, die sich nicht ganz so gut zur Weiterverarbeitung eignen.

Auch die auf Sandböden vorkommende Kratzbeere zählt im weiteren Sinne zu den Brombeeren und kann verwendet werden, sie ist jedoch ziemlich sauer und man braucht in jedem Fall mehr Zucker bei der Verarbeitung.

SAMMELZEIT: Spätsommer

Die Brombeere in der Küche

wirft auf jeden Fall die Frage auf: Mit oder ohne Kerne?

Mancher empfindet die kleinen Kernchen als das Charakteristikum der wilden Beeren und liebt sie, der andere findet sie lästig und scheußlich.

Streichen Sie also die Beeren durch ein Haarsieb, falls Sie oder Ihre Familie die Kerne nicht mögen.

Brombeer-Kräuter-Likör

500 g Brombeeren, kleines Sträußchen bittere Kräuter (wie z. B. Beifuß, Distel, Enzian, Kalmus), 1 EL Kiefernnadeln oder -triebspitzen, $^{1}/_{2}$ l Wodka oder Doppelkorn, 400 g (evtl. brauner) Zucker, etwas Wasser oder Brombeersaft.

Die Brombeeren zusammen mit Kiefernnadeln, Kräutern und Schnaps in ein großes Gurkenglas geben, leicht zerdrücken und für mindestens eine Woche ziehen lassen. Durch ein Tuch gut abpressen.
Den Zucker mit wenig Wasser oder Brombeersaft zu einem dickflüssigen Sirup kochen. Erkalten lassen und mit dem Brombeerauszug vermischen. In eine Flasche füllen und noch 14 Tage unter täglichem Umschütteln stehen lassen.
Durch ein feines Tuch oder einen Goldfaser-Kaffeefilter gießen und in schöne Flaschen füllen.

Brombeerbaiser

500 g besonders süße Brombeeren, 2 Pakete Butterkekse, 150 g Butter, Eiweiß von 4–5 Eiern, 150 g Puderzucker, frisch gesiebt.

Die Butter schmelzen und mit den fein zerkleinerten Keksen mischen. Eine Springform oder Auflaufform damit auslegen. Erkalten lassen und mit den Brombeeren belegen.
Die Eiweiße mit etwas Wasser sehr steif schlagen, den Puderzucker unterheben.

Die Baisermasse auf den Brombeeren verteilen, die Form sofort in den Backofen oder Grill stellen und bei nur Oberhitze überbacken, bis der Baiser zartgelb bis goldfarben wird. Nicht bräunen, dann wirds bitter.

Kalt oder warm servieren.

Für durchpassierte Brombeeren ist es besser, einen mit Mandelmehl bestreuten Mürbeteigboden als Unterlage zu nehmen, weil die Keksmasse matschig werden könnte.

Evtl. hier die Brombeermasse mit etwas Johannisbrotkernmehl oder Agar nach Anleitung binden.

Eberesche

(Sorbus aucaparia)

Die orangeroten Früchte sind auch als Vogelbeeren bekannt, und das nicht von ungefähr. Sie sind wirklich sehr beliebt bei Vögeln, und wenn sie reif sind, muss man sich beeilen, die Beeren vor den Staren zu ernten.

Nein, giftig sind sie nicht, obwohl das von vielen Leuten geglaubt wird. Vielleicht kommt es daher, dass sie im Rohzustand nicht nur sehr herb schmecken, sondern auch roh in größeren Mengen gegessen, ähnlich wie Fliederbeeren, Übelkeit verursachen.

Beim Sammeln sollte man sich darin üben, den Unterschied zwischen den bitteren und den nicht bitteren Ebereschen zu erfassen. Die bitteren sind etwas kleiner und gelborange, während die anderen dick und rotorange sind. Am Anfang wird man nicht darum herumkommen, bei jedem Baum den Geschmackstest zu machen. Auch die bitterfreien schmecken roh sehr herb und zusammenziehend, deswegen ist die übliche Bezeichnung „süße Eberesche" doch irgendwie fehl am Platze. Die bitteren sind jedoch nicht nur sauer, sondern auch deutlich bitter. Sie eignen sich nur für medizinische Zubereitungen und sollten der Küche unbedingt fernbleiben. Wenn ich also im Folgenden „Ebereschen" schreibe, meine ich ausschließlich die bitterfreien.

SAMMELZEIT: Hochsommer

Die Ebereschen in der Küche

Die rotorangefarbenen Beeren sind roh ungenießbar, gekocht ist ihr Aroma dem der Preißelbeeren sehr ähnlich und sie können auch so verwendet werden. Wenn man Marmelade aus ihnen kochen möchte, braucht man, wie bei schwarzen Johannisbeeren, kein Geliermittel im Zucker, da die Beeren

einen sehr hohen Pektingehalt haben. Wer es nicht ganz so herb mag, dem sei empfohlen, in allen Rezepten die Hälfte der Ebereschen durch die kleinen süßen Augustbirnchen zu ersetzen, die etwa zur gleichen Zeit reif sind.

EBERESCHEN-CHUTNEY

500 g Ebereschen, 500 g Augustäpfel, $^1/_2$ l Cidre oder Apfelsaft, $^1/_4$ l Apfelessig, Zucker nach Bedarf (ca. 500 g oder mehr), 2 cm Ingwerknolle, 5 Wacholderbeeren.

Die Ebereschen gut putzen und die Äpfel klein schneiden. Mit dem Cidre in den Mixer geben und grob pürieren, die Masse mit Zucker und Essig verrühren, mit der klein gewürfelten Ingwerknolle und den Wacholderbeeren in einen großen Topf geben und 4 Minuten kochen lassen. Einen Tropfen herausnehmen und erkalten lassen. Kalt sollte das Chutney dickflüssig sein. Ist die Konsistenz zu fest, noch etwas Cidre dazugeben, ist sie zu flüssig, noch etwas kochen lassen. Probieren Sie jetzt auch, ob die Masse süß genug ist. Falls nicht, noch etwas Zucker zugeben und noch mal aufkochen lassen.
Noch heiß in Vakuumgläser füllen und sofort verschließen.
Das Chutney passt gut zu gebackenem Camembert oder Ofenkäse und zu Wild und Pilzen.

„HERREN"-CREME

200 g Ebereschen, 200 g Zucker, 250 g Sahnequark, etwas Apfelsaft, 1 Becher Sahne, 1 Tütchen Gelatine (als Kuchenbelag 2 Tütchen), 100 g Bitterschokoladenraspeln.

Die Ebereschen putzen und mit etwas Apfelsaft fein pürieren, mit dem Zucker vermischen und einige Minuten gut durchkochen. Kalt werden lassen.
Das Püree gründlich mit dem Quark vermischen, bei Bedarf nachsüßen.
Gelatine in etwas Apfelsaft einweichen, nach dem Quellen erhitzen und schnell unter die Masse rühren. Die Sahne steif schlagen und zusammen mit den Schokoraspeln unterheben. Die Creme eignet sich als Dessert (mit Löffelbiskuit und Schlagsahne) oder als Kuchenbelag (auf Schokoladenbiskuits).
Ohne die Gelatine kann man die Creme auch in der Eismaschine verarbeiten.
Vor dem Steifwerden kann man ein Gläschen Calvados unterrühren.

Fichte

(Picea abies)

Der junge Austrieb der Fichte ist in der Wildpflanzenküche eher unbekannt, aber unbedingt einen Versuch wert, zumindest Freunde kräftiger Würze werden daran ihre Freude haben.

Es werden die hellgrünen Spitzen von den Zweigen älterer Fichten gesammelt. Kleine junge Bäume haben nicht nur kein Aroma, das Abbrechen der Triebspitzen schadet ihnen auch.

SAMMELZEIT: Vollfrühling

Die Fichte in der Küche

Die Triebspitzen sind zwar weicher als die älteren Nadeln, aber immer noch

etwas unangenehm, wenn man „drauf kauen" soll. Deswegen sollten die Nadeln, will man sie als Gewürz benutzen, entweder sehr fein geschnitten werden oder als Bündel mitgekocht und später entfernt werden.

Fichtenspitzen passen in herzhafte Gerichte, zu Wild und Pilzen und generell in dunkle Soßen, sie harmonieren mit Wacholderbeeren. Eine kräftige. vielseitig verwendbare Würzsoße ist die

ROSMARIN-FICHTEN SOSSE

1 Handvoll Fichtenspitzen, 2–3 Rosmarinzweige, 200 g Honig, 200 ml guter Balsamico, Salz, Pfeffer.

Balsamico und Honig zusammen in einem Topf erhitzen, bis der

Honig aufgelöst ist, nun die Fichtenspitzen, den Rosmarin und den frisch gemahlenen Pfeffer zugeben und das Ganze ca. 15 Minuten zugedeckt auf sehr kleiner Flamme köcheln. Die Flüssigkeit absieben und in eine kleine Flasche füllen.

Die Soße können Sie vielseitig verwenden, z. B. als Gewürz für Tomaten oder Bohnensalat, als Beize für dunkles Fleisch, zum Einlegen von Pilzen etc. Wir verwenden sie auch gerne, wenn eine Bratensoße, z. B. von Frikadellen, einfach nach „nichts" schmeckt. Ein paar Teelöffel der Fichtensoße geben schnell das nötige Aroma. Wer die Säure des Balsamico nicht mag, kann ihn auch durch Portwein oder Sherry ersetzen.

FICHTENSIRUP

Fichtenspitzen, Zucker.

Fichtenspitzen und Zucker in ein verschließbares Glas schichten und einige Wochen an einen sonnigen Platz stellen.
Der entstehende Sirup eignet sich hervorragend zum Würzen von Longdrinks und als ungewöhnliche Zugabe zu Eis und (Kirsch- oder Apfel-)Kompott.

ACHTUNG: Das im Fichtenharz enthaltene Balsamterpentinöl gilt als allergieauslösend. Es ist zwar nicht in den Nadeln enthalten, aber in den Zweigen, an denen sie sitzen. Da es sich kaum vermeiden lässt, diese beim Ernten anzukratzen, wobei das flüchtige Öl freigesetzt wird, sollten Allergiker zuerst prüfen, ob die Fichtenzubereitungen verträglich sind.

Fliederbeere (Sambucus nigra)

Der Fliederbeerstrauch ist eine der bekanntesten Heilpflanzen überhaupt. Er gilt in den europäischen Naturreligionen als heilig, als Wohnort der Freyja, der Schutzgöttin für Haus und Hof. Fliederbeersträucher sollten nicht ohne ihre Erlaubnis geschlagen werden, und früher war es üblich, vor dem Fliederstrauch den Hut zu ziehen. Obwohl der Strauch im Christentum entsprechend als Sitz von Dämonen galt, ist es nie gelungen, den Mythos um ihn

ganz zu vertreiben. Einen Fliederstrauch im Garten zu haben, bringt Glück, auch in der Küche.

Neben den vielfältigen medizinischen und kosmetischen Anwendungen sämtlicher Pflanzenteile hat die Fliederbeere auch kulinarisch einiges zu bieten.

SAMMELZEIT:
Frühsommer (Blüten),
Frühherbst (Früchte)

Der Sommer beginnt mit der Blüte der Fliederbeeren und endet mit ihrer Reife, so sind die vielfältigen Zubereitungen aus Fliederbeerblüten treue Begleiter der Mittsommerfeste. Die Zubereitungen aus den Beeren dagegen sind mit gemütlichen Herbst- und Winterabenden am wärmenden Feuer assoziiert.

FLIEDERSEKT

1 l Fliederblüten,
150 g Zucker, evtl.
etwas Zitronensaft,
2 l Wasser.

Die Fliederblüten mit den restlichen Zutaten in ein großes Glasgefäß geben, zudecken, sodass Gas entweichen kann, und einige Tage an einen warmen schattigen Ort stellen. Wenn die Flüssigkeit zu perlen anfängt, kann sie abgesiebt und getrunken werden. Man kann den Fliedersekt für einige Tage in einer Mineralwasserflasche im Kühlschrank aufbewahren. Soll er länger gelagert werden, sollte das jedoch in echten Sektflaschen mit verdrahtetem Korken geschehen, wenn man nicht möchte, dass die Flaschen irgendwann explodieren.

Ein Wort zum Zitronensaft: Je weniger drin ist, desto besser schmeckt der Sekt, desto größer ist aber auch die Möglichkeit einer Fehlgärung, die zu einem ölig-bitteren, völlig ungenießbaren Ergebnis führt. Man muss sich also an die richtige Dosierung herantasten.

AUSGEBACKENE FLIEDERBLÜTEN
Pro Person

2–3 große schöne Fliederblütendolden, 1 kleines Ei, ca. 50 g Mehl, etwas Wasser, Schmalz oder Rapsöl zum Ausbacken, Puderzucker und gemahlene Vanille (und evtl. Zimt) zum Bestreuen.

Die Blüten gut von allen Insekten befreien (möglichst nicht waschen, sonst hält der Teig nicht daran).

Dann aus dem Ei, dem Wasser und dem Mehl einen glatten, etwas dickflüssigen Teig rühren und in einen Suppenteller gießen.

Nun das Fett in einem kleinen Topf erhitzen (er sollte so groß sein, dass eine Dolde ungequetscht hineinpasst). Das flüssige Fett sollte ca. 2 cm hoch darin stehen. Werfen Sie ein Stückchen Brot hinein, wenn es sofort anfängt zu brutzeln, ist die Temperatur richtig. Nun die Fliederdolden mit der Blütenseite in den Teig und sofort ins heiße Fett tauchen. Die Dolde während der ganzen Prozedur am Stängel festhalten.

Sobald der Teig hellgolden ist (geht schnell), die Dolde aus dem Fett ziehen und auf einem sauberen Geschirrtuch abtropfen lassen. So mit allen Dolden verfahren.

Den Puderzucker mit der gemahlenen Vanille (und ggf. mit Zimt) vermischen, alles in ein Teesieb geben und die auf Tellern angerichteten Blüten damit bestreuen.

Dazu schmecken pürierte Erdbeeren oder auch fertige Fruchtsoßen.

ALKOHOLFREIER FLIEDERBEERPUNSCH

2000 g Fliederbeeren, etwas Wasser, 1/2 l Apfel- oder weißer Traubensaft, brauner Zucker nach Bedarf, Zimtstange, Nelken, Sternanis, Piment, Kardamom.

Die Beeren kurz in etwas Wasser aufkochen und heiß durch ein Tuch entsaften.
Den Saft mit dem Apfelsaft und den Gewürzen ca. 10 Minuten ohne Kochen erwärmen. Die Gewürze absieben und den Punsch nach Bedarf süßen.
Man kann natürlich jetzt auch Rum oder Amaretto dazugeben.

FLIEDERBEERSUPPE MIT GRIESSKLÖSSCHEN
Für 2–3 Personen

$^1/_2$ l abgelesene reife Fliederbeeren, $^1/_4$ l Rotwein oder Traubensaft, $^1/_4$ l Apfelsaft, 4–5 EL Zucker, 1 Zimtstange, 2 Gewürznelken, $^1/_2$ Päckchen Vanillepuddingpulver aus echter Vanille (Bioladen), $^1/_4$ l Milch, 2–3 geh. EL Dinkelgrieß, 1 EL Honig, 1 Eigelb.

Zuerst die Milch mit dem Honig aufkochen und unter kräftigem Rühren den Grieß einstreuen. Unter Rühren auf kleiner Flamme weiterkochen, bis die Konsistenz deutlich dick wird. Den Topf vom Feuer nehmen und nun sehr schnell das Eigelb unterrühren. Den Teig abkühlen lassen.
Nun die Beeren mit Saft, Wein, Zucker und Gewürzen in einen Topf geben und aufkochen lassen. Inzwischen das Puddingpulver klumpenfrei mit etwa 5 EL Saft oder Wasser verrühren. Die Mischung unter Rühren in die kochende Suppe geben und kurz weiterkochen.
Die Suppe auf tiefe Teller verteilen und in jeden einige abgestochene oder mit der Hand geformte Grießklößchen setzen. Man kann die Suppe nun mit gehackten Pistazien oder Walnüssen bestreuen. Schmeckt auch kalt als Dessert.

Frühlingskräuter

Es gibt eine Reihe Kräuter, die man bereits im Vorfrühling sammeln kann, die aber jeweils für sich allein kein gutes Gericht hergeben. Zusammen sind sie jedoch der „Frischekick" nach dem langen Winter. Außer den hier genannten kann man natürlich auch noch andere dazunehmen, wie zum Beispiel Bärlauch oder Löwenzahn.

SAMMELZEIT: Vorfrühling

Bauernsenf (Teesdalia nudicaulis)

ist im Allgemeinen das erste Grün, das auf gerade aufgetauten Ackerflächen oder Gartenbeeten zu sehen ist. Den kleinen Rosetten mit den rundlichen Blättchen macht strenger Frost gar nichts aus. Sie sind mit Senf und Gartenkresse verwandt und haben ein ähnlich scharfwürziges Aroma. Man kann die ganze Pflanze samt Wurzel sammeln, sollte sie aber sehr gründlich waschen, da sich im Inneren der Rosette oft viel Sand verbirgt. Die kleinen weißen Blüten schmecken honigartig, leider wird die Pflanze ziemlich zäh, sobald die Blättchen austreiben.

Blaue (Lamium purpureum) und weiße (Lamium album) Taubnessel

Zuerst blüht die Blaue, manchmal sogar schon im Schnee, später dann die Weiße. Man kann Blüten und Blätter gleichermaßen in der Küche verwenden. Vor der Weiterverarbeitung abgezupft, können sie später dekorativ über das fertige Gericht gestreut werden.

Verwechseln Sie die Blüten der Blauen Taubnessel nicht mit denen des ungenießbaren Lerchensporns, der aber völlig andere Blätter hat.

Brennnessel (Urtica urens/Urtica diorica)

Die ersten kleinen Blättchen der Brennnessel haben es in sich, sowohl an Nesselkraft als auch an Vitalstoffen. Sie sollten in keinem Frühlingskräutergericht fehlen. Bei uns auf dem Hof sagen wir, es ist erst Frühling, wenn man sich zum ersten mal „gebrennnesselt" hat. Aus Brennnessel kann man auch eigene Gerichte kochen.

Gundelkraut (Glechoma hederacea)

Das niedrige, Ranken bildende Kraut,

das später im Jahr leuchtend blaue Blüten treibt, kennen die meisten eher als Einwanderer in Rasenflächen. Die einen mögen es dort wegen seiner schönen Blüten, die anderen verabscheuen es, weil es gerne den Rasenmäher verklebt.

Gundelkraut ist eine wahre Vitalstoffbombe und die enthaltenen Bitterstoffe regen Leber und Magen an.

Wegen ebendieser Bitterstoffe sollte Gundelkraut nicht in gar zu großen Mengen in Kräutermischungen enthalten sein.

Gänseblümchen (Bellis perennis)

Es ist in letzter Zeit modern geworden, Gänseblümchenblüten in Salate zu streuen, aber auch die Blättchen haben ein sanftes Aroma, das gut in viele Speisen passt.

Frühlingskräuter in der Küche

Eine Mischung aus diesen Kräutern kann problemlos, wie Petersilie, beinahe jedem Essen zugefügt werden, sie kann jedoch auch als Grundlage besonderer Speisen dienen, wie zum Beispiel:

FRÜHLINGSKRÄUTER-OMELETTE
Pro Person

3 Eier, Salz, Pfeffer,
Knoblauch oder Bär-
lauch, 1 EL Sahne,
4 geh. EL gehackte
Frühlingskräuter, Öl
oder Schmalz zum
Braten.

*Eier mit der Sahne,
Salz, Pfeffer und fein
gehacktem Knoblauch
(Bärlauch) gut verquir-
len. Die Frühlingskräu-
ter untermischen.*

*Fett in einer Pfanne er-
hitzen, die Masse jeweils für eine Person schnell hineingießen, Deckel darauf und bei niedriger Hitze stocken lassen. Wenn es auf der Oberfläche anfängt, fest zu werden, wenden und
noch kurz auf der anderen Seite weiterbraten.*

Warm stellen, bis alle fertig sind.

*Die Omelettes auf gebuttertem Roggenbrot und mit einer leichten Zitronen-Tomatensoße
servieren.*

Für die Soße: 1 Tube (200 g) Tomatenmark, 1–2 Bio-Zitronen, 1 EL Butter, Salz.

*Tomatenmark, Butter, etwas Salz und ½ Tasse Wasser in einem Topf zusammen erhitzen,
den Zitronensaft in die nicht mehr kochende Masse geben, evtl. mit etwas abgeriebener Zitronenschale würzen.*

FRÜHLINGSKRÄUTER-BRÖTCHEN
Ergibt ca. 6–8 Stück

200 g Vollkornweizenmehl, 200 g Vollkornroggenmehl, $^1/_2$ Würfel Hefe,
ca. 50 g Butter, 5 EL Frühlingskräuter, Salz, 1 kleine Knoblauchzehe, 1 TL Honig,
warmes Wasser nach Bedarf.

In $^1/_4$ l warmem Wasser die Hefe und den Honig auflösen, die Mehlsorten vermengen und die Hefelösung dazugeben. Zu einer gut formbaren Masse verkneten, evtl. mehr Wasser dazugeben (nicht zu viel, da bei der Gärung weiteres Wasser entsteht), zugedeckt mind. 30 Minuten gehen lassen (am besten über Nacht im Kühlschrank).
Die Butter weich kneten, die Kräuter, Salz und die fein gehackte Knoblauchzehe untermischen.

Den Teig noch einmal gründlich durchkneten, falls er zu klebrig ist, noch etwas Mehl unterkneten.
Teig in 6–8 Stücke teilen, zu ca. 15 cm langen Rechtecken ausrollen, diese mit der Kräutermasse bestreichen und zu „Würsten" aufrollen. Diese Würste jeweils zu einem Knoten schlingen und auf ein gefettetes oder bemehltes Backblech setzen.
Ca. 20 bis 30 Minuten backen.

Die Brötchen eignen sich hervorragend als Beilage zum „Angrillen".

Haselnuss (Corylus Lambertii)

Die Haselnuss ist wohl jedem bekannt. Man sammelt die herausgefallenen Früchte, bevor die Eichhörnchen es tun. Es gibt mehrere Sorten von Haselbäumen, von denen nur die sogenannte Lambertsnuss sich zum Sammeln eignet, da sie große Früchte bildet. Alle anderen Sorten, auch die meisten Ziersorten, bilden winzige Früchte, die in ihren Kelchen fest haften und dadurch so gut wie unbrauchbar sind.

SAMMELZEIT: ab Vollherbst

Die Haselnuss in der Küche

sollte natürlich geknackt und ausgepult werden. Die Rezepte beziehen sich auf schalenlose Früchte.
Es gibt sehr viele Rezepte mit Nüssen, deswegen hier zwei nicht so ganz gewöhnliche:

WILDFRUCHT-NUSS AUFSTRICH

250 g gehackte Haselnüsse, 500 g Fruchtfleisch von verschiedenen Wildfrüchten, wie z. B. Fliederbeeren, Weißdorn, Mehlbeeren, Hagebutten, Brombeeren etc., 200 g Honig (bei sauren Früchten mehr), Zimt, Anis, Vanille.

Alles zusammen in den Mixer geben und gut durchpürieren. Das Püree in einem Topf unter ständigem Rühren aufkochen. Falls es zu flüssig ist, etwas einkochen lassen. Heiß in Gläser füllen und fest verschließen.
Eignet sich als Brotaufstrich für kräftiges Vollkornbrot oder als Füllung für Pasteten und andere Kuchen, besonders für Weihnachtsgebäck.

PASTASOSSE MIT HASELNÜSSEN UND FETA

200 g fein gehackte Haselnüsse, 3 rote Paprikaschoten, 1 Tube Tomatenmark, 1 Zwiebel, 3 Knoblauchzehen, Oregano, Thymian, Rosmarin, Pfeffer, Salz, 200 g Feta, Olivenöl.

Die gewürfelte Zwiebel zusammen mit den Haselnüssen anbraten. Das Tomatenmark dazugeben und kurz mitbraten, mit wenig Wasser ablöschen. Die Paprikaschoten putzen und sehr fein schneiden. Zusammen mit den Gewürzen und dem geschnittenen Knoblauch dazugeben und kurz aufkochen lassen.
Feta in die heiße Soße bröseln.

Zu Nudeln oder Gnocchi servieren.

Heckenrose (Rosa sp.)

Von der „Königin der Blumen" handeln viele Geschichten. Sicher sind dafür nicht nur ihre duftenden Blüten verantwortlich, die übrigens, zusammen mit

dem fetten Öl aus den Hagebuttenkernen, gerne in der Schönheitspflege verwendet werden, sondern auch die Früchte, die viele Vitamine und Antioxidanzien enthalten. Als es im Winter noch keine Südfrüchte zu kaufen gab, waren sie aus keiner Küche wegzudenken. Auch heute kann die Liebe, deren Symbol die Rose ist, mit ihrer Hilfe problemlos den Weg über den Magen nehmen.

SAMMELZEIT: Vollfrühling (Blätter), Frühsommer (Blüten), Spätsommer (Früchte)

Von der Heckenrose lassen sich außer der harten Wurzel alle Teile in der Küche verwenden. Blüten und Blätter kann man auch von Edelrosen benutzen, sollte jedoch darauf achten, dass es sich um duftende Exemplare handelt, nichtduftende Blüten schmecken auch nach nichts.
Aus den Blättern kann man einen Tee machen, der zusammen mit Pfefferminze und Zitrone wirklich Frühlingsgefühle weckt, besonders wenn man Blätter der Zaun- oder Weinrose (Rosa rubiginosa) ergattern kann, die ein intensives Aroma von grünen Äpfeln verströmen.

Auch aus den Blüten kann man Tee kochen, aber auch:

Rosensirup

Duftende, möglichst dunkle Rosenblütenblätter, Zucker.

Die Blüten mit Zucker in ein verschließbares Glas schichten und es einige Wochen in die Sonne stellen.
Der entstehende Sirup kann in Süßspeisen, wie Rosenwasser, verwendet werden. Wenn er ungekühlt aufbewahrt wird, beginnt er evtl. zu gären, was dem Geschmack aber keinen Abbruch tut, einige Aromen werden durch den entstehenden Alkohol sogar noch hervorgehoben. Wenn Sie das nicht mögen, sollten Sie den fertigen Sirup kurz aufkochen und dann im Kühlschrank aufbewahren.

Frühsommer-Marmelade (Bild nächste Doppelseite)

3 Handvoll stark duftender Rosenblütenblätter, 400 g reife Erdbeeren, 200 g frühe Himbeeren, 200 g roter Rhabarber, 200 g rote Johannisbeeren, Mark einer Vanilleschote, 1000 g Gelierzucker 1:1.

Die Früchte putzen, die Erdbeeren und den Rhabarber klein schneiden, die anderen Früchte ganz lassen, die Rosenblüten in sehr feine Streifen schneiden.
Alles zusammen mit dem Zucker und dem Vanillemark in einen großen Topf geben, gut verrühren und mindestens 4 Stunden, am besten über Nacht, stehen lassen.
Anschließend die Marmelade für 4 Minuten sprudelnd kochen, ggf. den Schaum abschöpfen und heiß in Vakuumgläser füllen.

Aus den Hagebutten, den Früchten der Heckenrose, lassen sich auch sehr viele Speisen zubereiten. Sie können alle Hagebuttensorten verwenden, auch die schwarzen Früchte gelber Wildrosensorten. Sie sollten für die

Zubereitung von Hagebuttenmark jedoch sinnvollerweise dickfleischige Sorten, z. B. von der Kartoffelrose (Rosa rugosa) verwenden, damit sich der Aufwand in Grenzen hält. Hagebuttenmark ist die Grundlage sämtlicher Rezepte und Sie können es einfrieren oder einkochen. Sie stellen es her, indem Sie Hagebutten mit sehr wenig Wasser weich kochen. Die Kochzeit hängt von der Art der Früchte ab, die weichen kochen nur wenige Minuten.

Nun drehen Sie die Früchte heiß durch die flotte Lotte, um Kerne und Stängel abzutrennen.
Das Mark lässt sich wie Tomatenmark verwenden (es ist etwas saurer) oder auch süß zubereiten.

HAGEBUTTEN-BRUSCHETTA
Vorspeise für 4 Personen

3 reife Tomaten, 3 geh. EL Hagebuttenmark, 1–2 Knoblauchzehen, frische Mittelmeerkräuter (z. B. Basilikum, Oregano, Majoran, Rosmarin, Zitronenthymian), Pfeffer, Salz, evtl. 1 Chilischote, 50 g Butter.

Die Tomaten würfeln, evtl. entkernen. Knoblauch und Kräuter fein hacken.
Die Butter in einem Topf aufschäumen, aber nicht bräunen lassen. Salz und Knoblauch zugeben. Kurz unter Rühren erhitzen, bis der Knoblauch zu duften beginnt, die Tomatenwürfel zugeben und weich dünsten. Hagebuttenmark dazugeben, erhitzen, evtl. mit etwas Wasser auf die gewünschte Konsistenz verdünnen. Kräuter und Gewürze zugeben.

Schmeckt warm auf geröstetem Weißbrot oder etwas weiter verdünnt als Soße zu Nudeln.

HAGEBUTTEN-CREME
Als Dessert oder Tortenfüllung

5 EL Hagebuttenmark, 150 g Zucker, 200 ml Weißwein oder Apfelsaft, 400 g Sahne, 1 Päckchen Gelatine.

Etwas Apfelsaft/Wein abnehmen und die Gelatine darin quellen lassen. Restlichen Saft mit Zucker und Hagebuttenmark verrühren. Gelatine nach dem Quellen erhitzen und unter die Masse rühren. Sahne steif schlagen und unter die Hagebuttenmasse heben. Mehrere Stunden fest werden lassen.

Hagebuttencreme passt hervorragend zu Apfelmus oder gedämpften Birnen.

HEIDELBEERE

Heidelbeere (Vaccinium officinale)

Heute kennen die meisten Leute nur noch die dicken Kulturheidelbeeren, die es auch zu heidelbeer-untypischen Jahreszeiten im Supermarkt zu kaufen gibt. Sie sind allerdings kein Vergleich zu den echten, die man mühselig sammeln muss, die aber ein unvergleichliches Aroma haben.

SAMMELZEIT: Hochsommer

Die Heidelbeere in der Küche
ist wegen ihres typischen Geschmacks natürlich wunderbar für Süßspeisen aller Art geeignet.

ACHTUNG VERWECHSLUNGSGEFAHR: Man sollte die Heidelbeere nicht mit den ähnlich aussehenden Rauschbeeren verwechseln, die an gleichen Standorten wachsen, aber nach nichts schmecken (fade-süßlich). Diese selbst sind allerdings auch nicht giftig, wie oft behauptet wird, können aber von einem Pilz befallen sein, der, in sehr großen Mengen gegessen, einen leichten Rausch verursachen kann. Der Pilz ist mit dem Mutterkorn verwandt, aus dem LSD gewonnen wird.

Die Vergiftung mit dem Pilz ist für gesunde Menschen nicht weiter gefährlich, solange man nicht am Straßenverkehr teilnimmt. Allerdings kann er bei psychosegefährdeten Menschen einen akuten schizophrenen Anfall auslösen!!

Der Unterschied zwischen Heidelbeeren und Rauschbeeren ist, neben den viel größeren Blättern der Heidelbeere, auch der Rest des Blütenkelchs an der Unterseite der Heidelbeere. An der Rauschbeere fehlt er.

Im Zweifelsfalle unbedingt die Geschmacksprobe machen: „Heidelbeeren", die nach nichts schmecken, lieber nicht pflücken.

HEIDELBEERBODEN

Für den Belag: ¹/₂ l Heidelbeeren, 5 El Zucker (bei sehr sauren Beeren mehr), 1 Tüte Vanillepuddingpulver, Wasser.
Für den Tortenboden: 200 g Mehl, 50 g Mandelmehl, 100 g Zucker, 100 g Butter oder Margarine, 1 Ei, ¹/₂ Tüte Backpulver, etwas Wasser.

Aus allen Tortenboden-Zutaten einen Mürbeteig anrühren, dabei so viel Wasser zugeben, dass der Teig gut knetbar, aber nicht matschig wird.

Eine Tortenbodenform einfetten und evtl. mit gehackten Mandeln ausstreuen. Den Teig hineingeben, glattstreichen und bei 200 °C backen, bis er goldbraun ist. Sofort auf eine Tortenplatte stürzen.

Nun die Heidelbeeren in ein ¹/₂-l-Maß füllen, mit Wasser aufgießen, bis alle Hohlräume gefüllt sind.

In einen Topf gießen, Zucker dazugeben und aufkochen lassen, bis alle Beeren weich sind (geht schnell).

In einer Tasse das Vanillepuddingpulver mit etwas Wasser anrühren, zu der kochenden Heidelbeermasse geben, noch mal kurz aufkochen, die heiße Masse sofort auf dem Boden verteilen. Kalt werden lassen.

Mit Schlagsahne servieren.

Man kann auch einen fertigen Mürbeteigboden kaufen.

HEIDELBEER-JOGHURT-SCHAUM

Dessert für 4 Personen

250 g Heidelbeeren, 200 g Vollmilchjoghurt, Zucker nach Bedarf, 200 g Schlagsahne.

*Die Heidelbeeren mit dem Pürierstab zerklei-
nern, evtl. etwas Joghurt zugeben, unter den
restlichen Joghurt rühren, süßen nach Wunsch,
eher etwas zu süß, es kommt ja noch die Sahne
dazu.*
*Die Schlagsahne steif schlagen und unter die
Heidelbeermasse heben, sofort servieren.*

Das passt sehr gut zu Waffeln.

Kamille   (Matricaria chamomilla)

Die Kamille ist eines der bekanntesten Heilkräuter überhaupt. Gegen Halsweh, Bauchweh und für wunde Kinderpopos wird es verwendet und ist in tausend Zubereitungen käuflich zu erwerben, jedoch nicht als Gewürz, denn kaum jemand kennt die Qualitäten der Kamille in der Küche.

Dabei haben die frischen Blütenköpfe ein ganz vorzügliches Aroma, eine Mischung aus Waldmeister und Zitrone, das zu süßen und salzigen Speisen passt.

Aber zunächst müssen Sie die frischen Köpfchen erst einmal sammeln, und dazu sollten Sie den Unterschied zwischen echter Kamille und Hundskamille kennen, denn die Hundskamille schmeckt leider nach gar nichts. Aber es ist gar nicht schwer. Brechen Sie ein Blütenköpfchen der Länge nach auf. In den Hundskamillenblüten befindet sich eine weiße, schaumstoffähnliche Füllung, während die echten Kamillen hohle Köpfchen haben.

Mit etwas Übung kann man die beiden Arten auch an der Form der Kronblätter unterscheiden.

Kamille wächst bevorzugt in und am Rand von Rapsfeldern, sollte dort jedoch nicht gesammelt werden, da gerade zur Blütezeit der Kamille oft gespritzt wird.

SAMMELZEIT: Frühsommer

Die Kamille in der Küche

Da die Blütenköpfchen etwas zäh sind, sollte man als Gewürz entweder einen frischen starken Aufguss verwenden oder die Blüten in einem Stoffbeutelchen mitkochen und später entfernen.

OBSTSALAT MIT PUDDINGHAUBE

Für 4 Personen

Für den Obstsalat: 500 g frische Früchte, 2 EL oder mehr Zucker, Saft einer halben Zitrone, 2 EL starker Kamillenblütenaufguss.
Für die Puddinghaube: $^1/_2$ l Milch, 4 EL Zucker, 1 Tütchen Bio-Vanillepudding, Kamillenkronblätter und Borretschblüten zur Dekoration.

Den Kamillenaufguss aus ca. 3–4 EL frischen Blütenköpfchen und einer kleinen Tasse kochendem Wasser herstellen. Nach 2–3 Minuten abgießen und kalt werden lassen.
Das Obst putzen und in mundgerechte Würfel schneiden, den Zucker mit dem Zitronensaft und dem kalten Kamillenaufguss mischen und über das Obst geben. In schöne Gläser verteilen.
Den Pudding nach Anweisung zubereiten, etwas fest werden lassen und dann auf die Früchte geben. Mit Kamillenkronblättern und Borretschblüten dekorieren.

JOGHURTSOSSE MIT KAMILLE

300 g Vollmilchjoghurt, Saft einer Zitrone, 1 Knoblauchzehe, 1 EL starker Kamillenaufguss, Salz, Pfeffer, verschiedene Kräuterblüten zur Dekoration (z. B. Borretsch, Thymian, Dost, Ringelblume etc.).

Kamillenaufguss herstellen, wie oben beschrieben. Knoblauch fein hacken oder durchpressen. Mit den restlichen Zutaten außer den Blüten verrühren, ca. 30 Minuten durchziehen lassen. Mit den Blüten bestreuen.
Passt zu Kartoffeln, Gemüsesalaten, Fisch etc.

Löwenzahn (Taraxacum officinale)

Die „Kuhblume" macht in letzter Zeit kulina-
rische Karriere, seit es auch bitterstofffreie
Kulturpflanzen zu kaufen gibt. Der echte
wilde Löwenzahn hat jedoch mehr gesund-
heitlich wertvolle Inhaltsstoffe, und wenn
man weiß wie, bekommt man auch die Bitterstoffe in den Griff. Der Löwenzahn wirkt
harntreibend, blutreinigend und stimulierend auf die Leber.

SAMMELZEIT: Vorfrühling/Spätherbst (Winterform), Erstfrühling (die ge-
bleichten Blätter), Vollfrühling (Blüten)

Löwenzahn in der Küche

Die meisten Bitterstoffe enthält der Milchsaft in den Stängeln und Blattrip-
pen. Wenn man diese herausschneidet, wird der Salat schon viel milder. Da
der bittere Saft in großen Mengen nur von der Sommerform des Löwenzahns
produziert wird, ist es sinnvoll, vor allem die Winterform (oben) zu benutzen.
Sie erkennen sie daran, dass die Rosetten flach an den Boden gepresst sind
und die Blätter noch keine deutlichen „Zähne" haben, sondern eher einen
gewellten Rand. Sobald einige frostfreie Nächte in Folge auftreten, entwi-
ckelt sich jedoch die Sommerform mit den aufrechten gezackten Blättern.
Diese bekommt man bitterstoffärmer, indem man sie bleicht wie Endivien-
salat. Dazu kann man entweder die Blätter der Pflanze eng zusammenbinden
oder einen schwarzen Eimer darüberstülpen. Nach einigen Tagen nimmt die
Pflanze einen gelbgrünen Farbton an. Nun ist sie erntereif.
Sobald Blütenknospen zu sehen sind, wird sie allerdings so bitter, dass die
Blätter ungenießbar sind, aber dafür kocht man dann aus den Blüten:

LÖWENZAHNMARMELADE

1 l Löwenzahn-Blütenblätter (nur das Gelbe), 6 Zitronen, 1000 g Gelierzucker 1:1, Wasser zum Auffüllen.

Die Blüten gründlich von Rapskäfern befreien und in ein Litermaß füllen.
Die Zitronen entsaften und den Saft zu den Blüten geben. Das Litermaß mit kaltem Wasser auffüllen.
Die Masse in einen großen emaillierten Kochtopf gießen, den Gelierzucker zufügen und alles gründlich umrühren.
Den Topf mindestens 4 Stunden stehen lassen, besser über Nacht, damit die Zuckerlösung in die Blättchen eindringen kann.
Die Marmelade danach nach Packungsanweisung auf dem Gelierzucker 4 Minuten sprudelnd kochen und in Vakuumgläser füllen.
Vor dem Kochen kann noch abgeriebene Zitronenschale zugegeben werden, das Wasser kann durch trockenen Weißwein oder Sekt ersetzt werden.

VORFRÜHLING-SALAT MIT LÖWENZAHN
Pro Person

Einige Rosetten Löwenzahn in seiner Winterform (er sollte nicht gefroren sein, sonst wird er matschig.), 1 Handvoll Feldsalat, 50 g Bauchspeck, geräuchert, 2 EL guten Balsamico, 1 Msp. scharfer Senf (oder Senfpulver), Schmalz oder Öl zum Braten, roter „Pfeffer" getrocknet (Schinusbeeren).

Den Löwenzahn und den Feldsalat gründlich sandfrei putzen und gegebenenfalls zerkleinern.
Den Balsamico mit dem Senf verrühren. Den Speck in sehr feine Würfel schneiden und in dem Fett knusprig braten. Die Balsamicosoße an den Salat geben, untermischen und die heißen Speckwürfel mit etwas Bratfett darüberstreuen.
Zum Schluss die grob zermörserten Schinusbeeren darüberstreuen.

Der Salat schmeckt mit kräftigem Brot oder als Beilage zu Wildgerichten.

Queller   (Salicornia europaea)

Der Queller ist eine Salzwiesenpflanze, die an den Küsten ganz Nordwesteuropas beheimatet ist.

In vielen Gegenden wird sie schon seit Langem kulinarisch genutzt. An der deutschen Nordseeküste ist sie bestenfalls als volkstümliches (und sehr wirksames) Mittel gegen Neurodermitis und andere Hautkrankheiten bekannt. Dass man sie essen kann, wissen die meisten nicht. Queller enthält sehr viele lebenswichtige Mineralstoffe, darunter Jod und Silicium.

SAMMELZEIT:
Frühsommer bis zum ersten Frost

Queller in der Küche kann, sehr fein geschnitten, eigentlich allen herzhaften Gerichten oder Salaten als Salzersatz beigegeben werden, aber auch selbst der „Star" eines Menüs sein. Auf jeden Fall sollte der länger dauernde Kontakt mit Süßwasser bei der Zubereitung vermieden werden, da der Queller sich darin nach einiger Zeit zu einer schleimigen Masse auflöst. Also nur unter fließendem Wasser schnell abspülen, keinesfalls ausgiebig in einer Schüssel waschen.

EINGELEGTER QUELLER (englische Art)
„Pickled Samphire"

2 große Hände voll Queller ohne Wurzeln, 2 TL Salz, $^1/_4$ l Apfelessig, 3 EL brauner Zucker, 1 Stück Ingwerknolle, 1 Bio-Zitrone, $^1/_4$ l Wasser.

Den Queller putzen, grob zerkleinern und von zähen Stängeln befreien.
Den Ingwer in Scheiben schneiden, die Zitrone ebenfalls.
Queller mit den Zitronenscheiben in ein hitzebeständiges Gefäß schichten.
Essig mit Wasser, Zucker und Ingwerscheiben aufkochen lassen und heiß über den Queller geben, mindestens einen Tag stehen lassen. Falls die Essiglösung nicht alles bedeckt, öfter mal wenden.
Schmeckt als Beilage zu Brot und Käse.

WILDREISPFANNE MIT QUELLER UND JUNGEN GEMÜSEN
Für 2 Personen

1 Tasse Natur- und Wildreis, 1 Handvoll Queller ohne Wurzeln, 500 g geputztes junges Gemüse wie gerade am Markt (z.B. Kohlrabi, Mairüben, grüner Spargel, Porree, Wurzeln, Frühlingszwiebeln, Erbsen, Bohnen, Zuckermais, Zucchini etc.), Salz, Butter nach Bedarf.

Natur- und Wildreis in 2 Tassen Wasser garen, bis die ersten Körner aufplatzen. Während der Reis kocht, das Gemüse klein schneiden und in einer großen Pfanne mit Salz und Butter bissfest dünsten. Den Queller grob zerkleinern, dabei besonders zähe Stängel aussortieren. Wenn das Gemüse fast gar ist, den Queller dazugeben und unter Rühren eine Weile mitdünsten. Dabei den Deckel offen lassen, damit das Wasser verdampfen kann.
Zum Schluss den Reis unterrühren und evtl. mit Petersilie oder Schnittlauch bestreuen.
Dazu passt eine leichte Joghurtsoße oder Ziegenfrischkäse.

Sanddorn   (Hippophaë rhamnoides)

Der Sanddorn ist, vermutlich wegen seines hohen Vitamingehalts, neuerdings zu einer Modefrucht geworden. Es ist allerdings kein Vergnügen, die leuchtend orangeroten Früchte zu sammeln. Sie sitzen auch im vollreifen Zustand sehr fest an den Sträuchern und es ist am besten, die Zweigspitzen mitsamt der Beeren abzuschneiden.

Leider ist es so, dass die Früchte sehr spät im Jahr vollreif, aber auch sofort matschig werden und innerhalb weniger Tage verderben, wenn sie erst einmal Frost bekommen haben. Halten Sie also Ihre Sanddorn-Sammelstelle gut

unter Beobachtung und schlagen Sie sofort zu, sobald die Beeren weich werden.

SAMMELZEIT: Vollherbst–Spätherbst

Aus der Sammeltechnik ergibt sich, dass Sanddorn vor jeder Weiterverarbeitung entsaftet werden muss. Und zwar am besten im Dampfentsafter, da sich die stacheligen Zweigspitzen nicht wirklich gut durch ein Tuch pressen lassen.
Die folgenden Rezepte beziehen sich also alle auf Sanddornsaft.

Etwas Ungewöhnliches zum Selbermachen sind:

SANDDORN-BONBONS

$^1/_4$ l Sanddornsaft,
500 g Zucker.

Sanddornsaft mit dem Zucker in einen flachen, nicht zu kleinen Topf geben. Aufkochen, Schaum abschöpfen, auf kleiner Flamme weiterkochen, bis eine zähflüssige Masse entsteht, nun immer wieder einen Tropfen mit einem Teelöffel entnehmen und auf einen kalten Teller tropfen lassen. Erkalteten Tropfen prüfen.

Für Kaubonbons sollte er eine feste, gummiartige Konsistenz haben, für feste Bonbons hart werden.

Kochen Sie die Masse so lange, bis die Tropfen die gewünschte Konsistenz haben. (Darauf achten, dass die Masse nicht braun karamellisiert.) Dann die Masse entweder in Bonbonförmchen oder auf ein mit Backpapier ausgelegtes Kuchenblech gießen. Kaubonbon-Masse mit einem gefetteten Messer schneiden, sobald sie schneidbar ist (geht schnell!). Harte Bonbonmasse zerschlagen Sie in mundgerechte Stücke.

ACHTUNG KINDER: Nicht an der heißen Masse mit dem Finger schlecken, sie ist viel heißer als kochendes Wasser, auch wenn sie fast nicht dampft, und klebt am Finger sofort fest, wo sie nur sehr langsam abkühlt!

SANDDORN-HONIG-SHAKE
Für 4 Gläser

$^{1}/_{4}$ l Sanddornsaft, $^{1}/_{2}$ l Buttermilch oder Schwedenmilch, flüssiger Honig nach Geschmack.

Alle Zutaten kräftig miteinander verrühren, bis der Honig komplett aufgelöst ist.
Mit Apfelscheiben dekoriert servieren.
Mit einem Schuss Batida de Coco pro Glas wird es auch ein leckerer Cocktail.
Die alkoholfreie Variante entsprechend mit Kokossirup herstellen.

70 SAUERAMPFER

Sauerampfer (Rumex acetosa)

Den Sauerampfer kennen alle Landmenschen mit Sicherheit aus der Kindheit, wo die sauren Blättchen zu einem schönen Frühlingstag einfach dazugehörten.

Eigentlich handelt es sich dabei um zwei verschiedene Ampfer-Sorten, nämlich den normalen Sauerampfer, der auf eher feuchten Böden wächst, und der Schaf- oder Bergampfer (Rumex acetosella), der es lieber trocken mag. Auch für die folgenden Rezepte können beide Arten verwendet werden.

SAMMELZEIT:
Vollfrühling, Frühsommer

Sauerampfer in der Küche

Der Ampfer sollte geerntet werden, bevor er Blütenstiele treibt, weil er danach nicht mehr wirklich zart ist und unangenehm sauer werden kann. Allerdings ist blühender Ampfer nicht giftig, was manchmal behauptet wird. Wer ihn so mag, kann ihn problemlos weiter essen.

Wer im Winter Lust auf den Geschmack bekommt, kann in einem Glas Buchweizenkeime treiben und sie wie Sauerampfer verwenden, sie sind etwas milder.

Der Sauerampfer ist wie Rhabarber ein Knöterichgewächs und enthält ebenso viel Oxalsäure. Menschen mit Steinleiden sollten also sparsam damit umgehen. Da Oxalsäure durch Calcium gebunden wird, empfiehlt es sich für diesen Personenkreis, Sauerampfer zusammen mit Milchprodukten zu verzehren.

Man sollte den Ampfer nicht kochen, er schmeckt dann einfach nicht. Aber es gibt genügend Möglichkeiten, ihn roh in der Küche zu verwenden, z. B. für:

GRÜNE EIER
Für 2 Personen

4 hart gekochte Eier, 2 Handvoll Sauerampfer- blätter, 1 geh. TL geriebener Meer- rettich, 1 EL Jo- ghurt oder Ma- yonnaise, Salz, Pfeffer.

Den frischen Sau- erampfer fein ha- cken, die Eier schä- len und halbieren.

Die Eigelbe herausnehmen und zusammen mit 2 EL vom Ampfer, dem Meerrettich und dem Joghurt (oder Mayonnaise) pürieren, evtl. salzen.

Das Püree mit dem Spritzbeutel in die Eihälften verteilen, die Hälften auf dem restlichen ge- hackten Ampfer dekorieren. In klimatisch milden Gegenden bietet sich das Rezept als Recyc- ling übrig gebliebener Ostereier an.

SAUERAMPFER-SOSSE ZU PELLKARTOFFELN

4 Handvoll Sauerampfer, 1 Zwiebel, 1 Knoblauchzehe, Walnussöl nach Bedarf, Salz, Pfeffer.

Den Ampfer zusammen mit der Zwiebel, dem Knoblauch und etwas Öl pürieren. Die Masse sollte dickflüssig sein, sonst noch Öl dazugeben.

Mit Salz und Pfeffer abschmecken, zusammen mit Crème fraîche zu Pellkartoffeln servieren.

Schlehe (Prunus spinoza)

Die Schlehe ist eine Vorfahrin unserer Hauspflaumen und ihre Früchte sehen auch aus wie winzige Pflaumen. Sie enthalten jedoch viel Gerbsäure und sind dadurch nicht roh genießbar.

SAMMELZEIT: Erstfrühling (Blüten), Spätherbst (Früchte)

Die Schlehe in der Küche

Die Gerbsäure wird etwas abgebaut, wenn die Früchte einmal gründlich durchgefroren sind, also die Lufttemperatur in der ganzen Nacht unter -4 °C war. Das Problem ist, dass die Vögel das auch wissen und normalerweise beim Schlehenpflücken schneller als Menschen sind.

Abhilfe schafft, die Früchte vorher zu ernten und über Nacht ins Eisfach zu legen, sie sollten vor der Weiterverarbeitung gut aufgetaut sein, da sich die Säure während des Auftauvorgangs abbaut.

Zur Weiterverarbeitung muss zuerst Schlehenmark hergestellt werden. Das

geschieht, indem Sie die Früchte kurz mit sehr wenig Wasser aufkochen und dann warm durch die „Flotte Lotte" drehen. So trennen sie die Steine und die harte Fruchthaut ab. Aber nicht nur die Früchte der Schlehe verwendet man in der Küche, sondern auch die süß duftenden Blüten, zum Beispiel für:

Schlehenblütensirup

$^1/_2$ l Schlehenblüten, 500 g Zucker, $^1/_2$ l Wasser.

Die Blüten mit dem Wasser in einem Topf kurz aufkochen, dann 10 Minuten ziehen lassen und absieben.
Die Flüssigkeit zurück in den Topf geben und den Zucker zufügen. Das Ganze noch mal ca. 4 Minuten sprudelnd kochen und ggf. abschäumen.
Den Sirup in gut verschließbare Fläschchen füllen.

Er schmeckt mit Wasser und Zitronensaft als erfrischende Limonade, an Obstsalaten oder an Eis.

Schlehenmus

1000 g Schlehenmark, 1000 g Zucker.

Das Schlehenmark 4 Minuten lang mit dem Zucker unter kräftigem Rühren aufkochen (vorsicht, brennt schnell an!), anschließend in Vakuumgläser füllen. Sie können es wie Marmelade verwenden. Evtl. auch, wie Pflaumenmus, mit Anis und Zimt würzen.

Dinkelpfannkuchen mit Schlehenmus-Creme
Für 2 Personen

Für die Pfannkuchen: 200 g Dinkelvollkornmehl, 2 Eier, Milch nach Bedarf, $^1/_2$ TL Weinsteinbackpulver, Fett zum Braten (Butterschmalz, Schmalz oder Erdnussöl).

Das Mehl mit den Eiern und etwas Milch zu einer dickflüssigen Masse verrühren, dann 30 Minuten ruhen lassen.
Noch einmal so viel Milch dazugeben, dass die Masse wieder dickflüssig wird. Das Backpulver unterrühren und die Creme zubereiten.

Für die Creme: 200 g Sahne, 2–3 geh. EL Schlehenmus.

Rühren Sie die Sahne glatt und geben Sie das Schlehenmus dazu. Verrühren Sie es kräftig und stellen die Masse zur Seite.

Die im Mus enthaltene Säure sorgt nun ohne Zutun dafür, dass die Creme innerhalb der nächsten 10 Minuten eindickt.

In der Zeit backen Sie nun die Pfannkuchen.

Das Fett in der Pfanne erhitzen, etwas von der Pfannkuchenmasse hineingießen und einen Deckel daraufdecken. Die Pfannkuchen bei niedriger Hitze backen, damit sie schön dick und fluffig werden, und kurz umdrehen, wenn die Masse fest wird.

Wenn die Pfannkuchen fertig sind, die Creme noch einmal kurz glatt rühren. Zu den Pfannkuchen servieren.

Strandwermut (Artemisia maritima)

Die niedrige, bis 30 cm hoch werdende Artemisie ist sicher eine der auffälligsten Salzwiesenpflanzen.

Bei einem sommerlichen Spaziergang am Außendeich fallen die leuchtend silbergrünen Matten am Deichfuß und im Vorland sofort ins Auge. Da sie auf-

grund ihres aromatischen Duftes und ihres leicht bitteren Geschmacks von Schafen gemieden werden, sind sie selbst auf stark beweideten Flächen weit verbreitet.

Strandwermut ähnelt dem gewöhnlichen Wermut (Artemisia absinthum) nur geringfügig. Er ist insgesamt viel zierlicher, seine Blätter sind fein und fiedrig, seine winzigen strahlenlosen Blüten bräunlichgelb.

Der charakteristische, leicht grapefruitartige Duft des Strandwermuts erinnert eher an Estragon oder Eberraute als an gewöhnlichen Wermut.

Und, was für die Verwendung in der Küche wichtig ist, er enthält kein nachweisbares Thujon und ist damit bedenkenlos zu genießen.

SAMMELZEIT: Je nach Witterung ab Anfang Juni. Am aromatischsten ist der Strandwermut kurz vor und während der Blüte.

Man sollte vermeiden, ihn unmittelbar nach Sommersturmfluten zu sammeln, da seine feinen filzigen Blätter den Schmutz geradezu anziehen. Das gilt ebenso für weit wasserseits wachsende Bestände, die bei jeder Springflut überspült werden.

ACHTUNG: Benutzen Sie niemals gewöhnlichen Wermut (Artemisia absinthum) anstelle von Strandwermut, wenn Sie das Produkt essen oder anderweitig innerlich anwenden wollen.

Artemisia absinthum enthält ein langsam wirkendes Nervengift, das bei häufigem Gebrauch irreparable Hirnschäden („Absinthismus") verursachen kann.

Wenn Sie Strandwermut (Artemisia maritima) in Rezepten ersetzen wollen, können Sie stattdessen Eberraute (Artemisia abrotanum) nehmen. Sie bekommen den kleinen Strauch in der „Gewürzecke" gut sortierter Gartencenter. Leider ist er nur begrenzt winterhart und hat keine medizinische Wirkung.

Strandwermut in der Küche

Der herbwürzige Geschmack passt zu vielen Gerichten, zu denen auch Beifuß geeignet wäre, zum Beispiel zu dunklem Geflügel, Wild und fettem Fleisch. Er sollte stets sparsam verwendet werden. Eine besondere Verwendung erfährt er in einer sommerlich-frischen Tomatensuppe:

BIRKEN-STRANDWERMUT-TOMATENSUPPE
Vorspeise für 4 Personen, vegetarisch

1000 g Tomaten, 100 g Butter, 2 Knoblauchzehen, 2 Bio-Zitronen, 1 Zweig Strandwermut, 1 EL gehackte Birkenblätter, Salz, Pfeffer, evtl. etwas Gemüsebrühe.

Die Tomaten häuten und würfeln. Die Butter in einem Topf auf kleiner Flamme aufschäumen lassen, den gehackten Knoblauch dazugeben, etwas anschwitzen lassen, keineswegs bräunen. Die Tomatenwürfel und die Birkenblätter dazugeben und weich dünsten lassen.
Pürieren, den Strandwermutzweig dazugeben, kurz aufwallen lassen, den Zweig wieder entfernen.
Mit Salz und Pfeffer abschmecken, den Saft und etwas abgeriebene Schale einer Zitrone dazugeben, nicht mehr kochen. Falls die Suppe nicht flüssig genug ist, weil man eine festfleischige Tomatensorte verwendet hat, kann man sie mit Gemüsebrühe etwas verdünnen.
Die zweite Zitrone in Scheiben schneiden und zu der Suppe servieren.

Dazu passt Baguette, evtl. mit Kräuterbutter.

Da Strandwermut magenberuhigend wirkt, kann man daraus einen herrlich scharf-würzigen Bitterlikör herstellen, der nicht nur bei Seekrankheit „Magenlage" und Laune wieder ins Gleichgewicht bringt.

SEEMANNSBEIN-LIKÖR

2 große Handvoll Strandwermut, 1 große Bio-Ingwerknolle, 0,7 l brauner Rum (54 Vol.%), 500 g Palmzucker (gibt's im Weltladen), ersatzweise Vollrohrzucker

Den Strandwermut mit der Schere grob zerkleinern. Die Ingwerknolle in dünne Scheiben schneiden (konventionell angebauten Ingwer vorher schälen). Abwechselnd in ein großes Gurkenglas schichten, mit dem Rum übergießen. Vier Wochen an einem sonnigen Platz stehen lassen, dabei öfter schütteln. Anschließend absieben.
Den Palmzucker mit wenig Wasser zu Sirup kochen, lauwarm mit dem Alkoholauszug mischen.
Noch eine Woche unter täglichem Schütteln stehen lassen.
Einen Tag ruhen lassen und ggf. den Bodensatz entfernen.

Waldhimbeere

(Rubus idaeus)

Das Sammeln von Waldhimbeeren ist, zugegeben, wirklich mit Arbeit verbunden. Es lohnt sich aber auf jeden Fall. Von meiner Verlegerin, Frau Paulsen, stammt ein Tipp für erschöpfte Sammler, den ich hier gerne weitergebe:

Die Beeren zur Hälfte durch reife rote Mirabellen ersetzen. Das gibt dem Endprodukt eine leicht säuerliche Note, die gut zu Himbeeren passt.

SAMMELZEIT: Hochsommer

Die Waldhimbeere in der Küche
Aufgrund der vielen Sammelarbeit sollte man vielleicht etwas ganz Besonderes draus machen. Bei uns auf dem Hof ist das Waldhimbeermarmelade, die nur zu besonderen Anlässen auf den Tisch kommt.

WALDHIMBEER-
MARMELADE

Waldhimbeeren, Gelierzucker 1:1.

Die gesammelten Beeren putzen und abwiegen. Die gleiche Menge Gelierzucker abwiegen. Beeren mit dem Zucker in einen deutlich größeren Topf geben. 2–4 Stunden stehen lassen.
Pürieren. Zum Kochen bringen und 4 Minuten sprudelnd kochen.
Heiß in kleine Gläser füllen.

WALDHIMBEERSORBET

Waldhimbeeren, Zucker, Zitronensaft
(werden Mirabellen mitverwendet,
den Zitronensaft weglassen.)

*Waldhimbeeren mit Zitronensaft pürieren,
süßen (nicht zu wenig, weil die Süße im ge-
frorenen Zustand abnimmt).
In die Eismaschine oder eine Metallschüs-
sel geben.
Schüssel ins Eisfach stellen und alle 15 Minuten einmal gut umrühren, bis die gewünschte mehr oder weniger feste Konsistenz erreicht ist.
Das Sorbet mit Minz- oder Melisseblätt-
chen dekorieren oder bestreuen.
Schmeckt auch gut zusammen mit Vanille-
eis.*

Weberkarde (Dipsacus sativus)

Die Weberkarde kennen die meisten nur als lästiges „Un"kraut, das sich mit großer Vehemenz im Garten behaupten kann, wenn ihm stickstoffreicher Boden zur Verfügung steht. Früher wurden die getrockneten Blütenstände zum Aufrauen von Stoffen benutzt, daher der Name Weberkarde.

Wer sich für Naturheilkunde interessiert, wird zudem wissen, dass aus der Weberkarde das einzige Naturheilmittel gegen Lyme-Borreliose gewonnen werden kann. Kinder basteln gerne Igel aus den Blütenköpfen.

SAMMELZEIT: Frühsommer

Die Weberkarde in der Küche
Verwendet werden die Blütenstängel vor der Blüte (später werden sie holzig). Man schneidet sie dazu an der Basis ab, entfernt Blätter und Knospe und schält sie mit einem Sparschäler wie Spargel.
Anschließend werden sie in Salzwasser mit einem Schuss Zitronensaft weich gekocht, was je nach Entwicklungsstadium verschieden lange dauern kann. Sie schmecken ähnlich wie Artischockenböden und werden auch

so verwendet. In Südeuropa und England kann man eine Zuchtform der Weberkarde, mit besonders fleischigen Stängeln, unter der Bezeichnung „Cardy" auf dem Markt kaufen. Leider ist diese Zuchtform nur begrenzt frosthart und kann in Nordeuropa deswegen nicht angebaut werden, da die Pflanze zweijährig ist.

WEBERKARDE-ANTIPASTI

Gegarte Weberkarde-Stängel, pro 2 Stängel eine dünne Scheibe geräucherter Bauchspeck, Senf, Balsamico Bianco, Olivenöl, Pfeffer, Salz, Zitronensaft, Knoblauch.

Die gegarten Stängel in ca. 8 cm lange Stücke schneiden, aus Senf, Balsamico, Öl, Zitronensaft, gehacktem Knoblauch, Pfeffer und Salz eine Marinade herstellen und die Stängel darin mindestens 30 Minuten ziehen lassen.

Inzwischen die Speckscheiben braten, sodass sie noch aufrollbar sind. Die Weberkardestängel aus der Marinade nehmen, abtropfen lassen und portionsweise in die Speckscheiben einrollen.

Die Stängel können im Kühlschrank mehrere Tage in der Marinade aufbewahrt werden. So eignen sie sich gut, um ein Antipasti-Büfett vorzubereiten.

WEBERKARDE MIT AIOLI
Für 4 Personen

500 g gegarte Weberkardestängel, evtl. noch
lauwarm.
Für die Aioli: 2 Eigelb, 1 TL Senf, Pfeffer,
2 Knoblauchzehen, 1 EL Zitronensaft, Olivenöl nach Bedarf, Pfeffer, Salz.

*Alle Zutaten müssen unbedingt die gleiche Tempe-
ratur (Zimmertemperatur) haben, sonst flockt die
Aioli aus. Am besten mehrere Stunden vorher zusammen an den gleichen Ort legen!*

*Die Eigelbe mit Senf und Zitronensaft verschlagen,
bis eine leicht schaumige Masse entsteht. Esslöffel-
weise mit dem Schneebesen Olivenöl unterschlagen. Wenn sich eine helle Creme gebildet hat, kann
während des Schlagens weiteres Öl in dünnem
Strahl zugegeben werden, bis die gewünschte Konsistenz erreicht ist. Die Aioli wird fester, je mehr Öl
dazukommt.*

*Zum Schluss den durchgepressten Knoblauch
unterschlagen, mit Pfeffer und Salz abschmecken.
Wenn die Aioli nicht sofort serviert werden soll, noch
kein Salz zugeben.*

*Aioli zu den lauwarmen Stängeln servieren, evtl. mit
Schnittlauch oder Petersilie bestreuen.*

*Fertige Aioli bekommt man auch beim „Mittelmeer-
stand" auf dem Wochenmarkt oder im Feinkostge-
schäft.*

Weißdorn　　　(Crataegus oxyacantha)

Der Weißdorn ist heute als Heilpflanze gegen Herzschwäche bekannt. Früher gehörte er jedoch zu den „Mehlfrüchten", zu denen auch die Mehlbeeren und die Elsbeeren zählten, die mit dem Weißdorn verwandt sind. Das trockene Fruchtfleisch wurde in Notzeiten als Mehlersatz mit in den Brotteig gegeben.

Der Weißdorn in der Küche

Das rohe Fruchtfleisch zu gewinnen, ist sehr mühselig, da es fest am großen Stein haftet. Einfacher ist es, die Früchte kurz aufzukochen und in der Flotten Lotte die Steine abzutrennen. Das gewonnene Fruchtfleisch-Mus kann man auch heute noch zum Brotbacken verwenden.

WEISSDORNSIRUP

500 g Weißdornfrüchte, 1 l Wasser, 500 g Zucker.

Den Weißdorn mit dem Wasser aufkochen und längere Zeit köcheln lassen. Durch ein Tuch abseihen. Den Zucker zu dem Saft geben, ggf. abschäumen, weiterkochen, bis ein herausgenommener Löffel voll erkaltet eine sirupartige Konsistenz hat.
Heiß in Flaschen füllen und verschließen.

Schmeckt mit Mineralwasser und Zitronensaft als Limonade oder als Süßungsmittel in Tee.

WEISSDORNBROT

500 g Weißdornfruchtmus, 1000 g frisch gemahlenes Weizenvollkornmehl, 1 Würfel Hefe.

Die Hefe in dem (kalten oder lauwarmen) Fruchtmus auflösen. Das Mehl dazugeben und alles verkneten. Es sollte ein weicher, nicht klebriger Teig entstehen. Falls die Konsistenz noch nicht gut ist, mit Wasser oder weiterem Mehl verbessern.
An einem warmen Ort eine Stunde gehen lassen (alternativ über Nacht im Kühlschrank), nochmals gut durchkneten. Ist der Teig nach dem Gehen zu feucht geworden, noch etwas Mehl unterkneten.
In eine gefettete und mit Sesam oder anderen Körnern ausgestreute Kastenform geben und bei 175 °C ca. 60 Minuten backen.
Das Brot ist fertig, wenn es schön gebräunt ist und beim Daraufklopfen hohl klingt.
Sofort aus der Form nehmen und auf einem Kuchengitter auskühlen lassen.
Schmeckt auch mit salzigem Belag.

Der phänologische Kalender

Der phänologische Kalender (ich verwende hier, etwas verkürzt, den vom Deutschen Wetterdienst) ist ein Werkzeug, mit dem man die aktuelle botanische Jahreszeit an einem beliebigen Ort bestimmen kann, was auch hier notwendig ist, damit meine Sammelzeitangaben in ganz Deutschland verwendet werden können. Im Südwesten z. B. kann man den Bärlauch schon Ende Januar sammeln, hier an meinem Wohnort im äußersten Norden von Schleswig-Holstein erst im April. An beiden Orten ist dann jeweils phänologisch Vorfrühling.

Die Phänologie beobachtet bestimmte Zeigerpflanzen, an deren Verhalten dann die phänologischen Jahreszeiten gekoppelt sind, die in diesem Buch als Sammelzeiträume angeführt sind.

Aus der folgenden Tabelle können Sie die Zeigerpflanzen der entsprechenden 10 phänologischen Jahreszeiten ablesen.

Vorfrühling: Blüte von Schneeglöckchen, Haselnuss und Schwarzerle
Erstfrühling: Blüte von Forsythie, Stachelbeere, Johannisbeere
Vollfrühling: Blüte des Kulturapfels und des gemeinen Flieders
Frühsommer: Blüte der ersten Gräser und der Fliederbeere
Hochsommer: Blüte der Sommerlinde, Fruchtreife der Johannisbeeren
Spätsommer: Blüte des Heidekrauts, Fruchtreife der Felsenbirne und der frühesten Apfelsorten
Frühherbst: Blüte der Herbstzeitlosen, Fruchtreife der Haselnüsse und der Fliederbeeren
Vollherbst: Fruchtreife der Rosskastanie und der Stieleiche
Spätherbst: Laubabwurf der Rosskastanie und Stieleiche
Winter: Vegetationsruhe

Inhalt

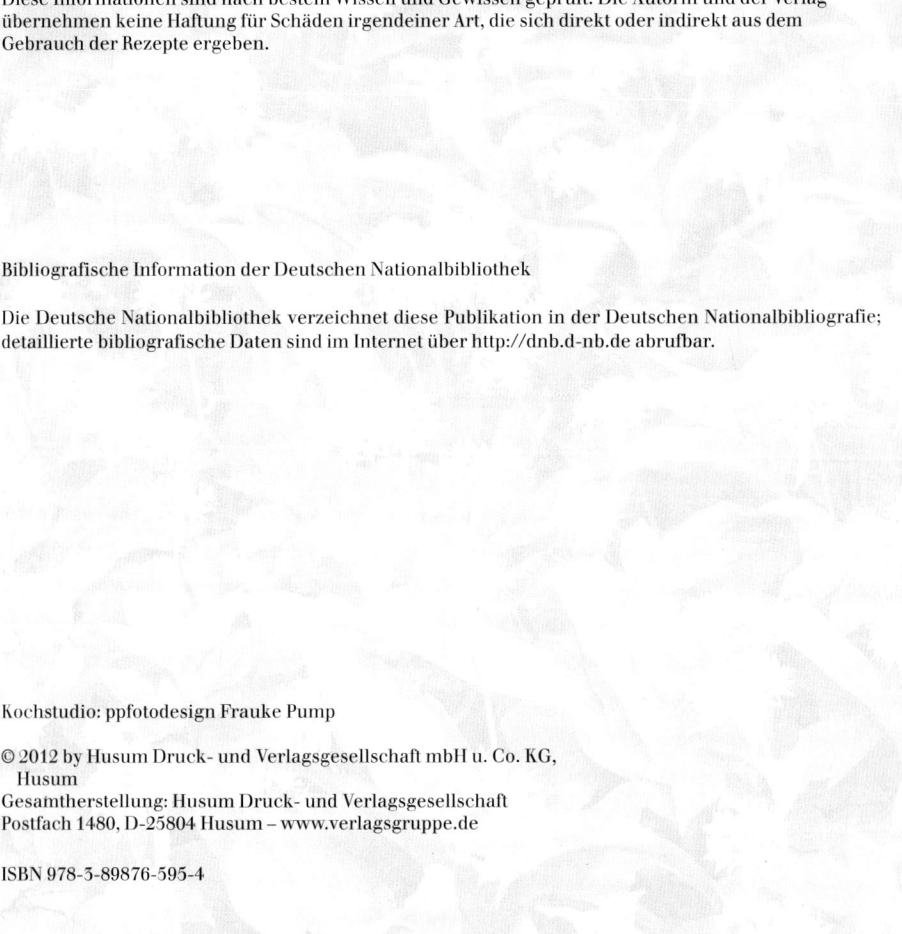

Bibliografische Information der Deutschen Nationalbibliothek

Die Deutsche Nationalbibliothek verzeichnet diese Publikation in der Deutschen Nationalbibliografie; detaillierte bibliografische Daten sind im Internet über http://dnb.d-nb.de abrufbar.

Kochstudio: ppfotodesign Frauke Pump

© 2012 by Husum Druck- und Verlagsgesellschaft mbH u. Co. KG, Husum
Gesamtherstellung: Husum Druck- und Verlagsgesellschaft
Postfach 1480, D-25804 Husum – www.verlagsgruppe.de

ISBN 978-3-89876-595-4